圖書在版編目（ＣＩＰ）數據

唐韻揚州 / 揚州廣陵古籍刻印社選編. -- 揚州 : 廣陵書社, 2015.6
ISBN 978-7-5554-0367-8

Ⅰ. ①唐… Ⅱ. ①揚… Ⅲ. ①唐詩－詩集 Ⅳ. ①I222.742

中國版本圖書館CIP數據核字(2015)第143358號

ISBN 978-7-5554-0367-8

9 787555 403678

唐韻揚州

選編 揚州廣陵古籍刻印社
責任編輯 邱數文
出版 廣陵書社
社址 揚州市維揚路349號
電話 （〇五一四）八五二二八〇八八
印刷 揚州廣陵古籍刻印社
社址 揚州市相別路口
電話 （〇五一四）八七三四九〇六一
版次 二〇一五年七月第一版第一次印刷
標準書號 ISBN 978-7-554-0367-8
定價 肆佰捌拾圓整

http://www.yzglpub.com E-mail:yzglss@163.com

唐韻揚州

揚州廣陵古籍刻印社 編

廣陵書社

出版說明

唐詩是中國文學的瑰寶，是中華民族寶貴精神財富的一部分。清康熙四十四年（一七〇五）春，由江寧織造曹寅主持，在揚州天寧寺設局開雕的《全唐詩》，是一部規模浩大的斷代詩歌總集，它集唐詩之大成，保存了有唐一代的文學精華。

揚州是《全唐詩》的誕生地，而揚州在《全唐詩》中的表現也頗爲不俗。一百二十位作者，用他們的生花之筆，寫出了三百八十餘首歌詠揚州風物人情之美的篇章，其中不乏傳頌千古的佳作名篇。

揚州本土詩人張若虛的《春江花月夜》，用其夢幻般輕靈的筆觸，寫故鄉月夜之美，訴離人濃濃的鄉愁，被譽爲『孤篇蓋全唐』；詩仙李白的一首《黃鶴樓送孟浩然之廣陵》，造就了『煙花三月下揚州』的千古美談；浙江人徐凝，曾游揚州，其《憶揚州》一詩，人們爭相傳誦，『天下三分明月夜，二分無賴在揚州』。於是，『月亮城』的美妙形象，深深地印在了人們的心裏。

今年，是揚州建城兩千五百週年，我們從《全唐詩》中輯出這些詩篇，作爲給母親城市的獻禮。祝願古城揚州更加美麗，永葆青春！

二〇一五年四月十八日

唐韻揚州目錄

卷上

唐韻揚州卷上

許敬宗

許敬宗字延族杭州新城人善心子也隋時官直謁者臺奏通事舍人事入唐爲著作郎兼修國史尋貶洪州司馬累轉給事中復修史遷太子右庶子高宗即位擢禮部尚書歷侍中中書令右相卒謚曰繆集八十卷

擬江令於長安歸揚州九日賦

本逐征鴻一作蓬去還隨落葉來菊花應未滿請一作許待詩人開

同前擬

遊人倦蓬轉鄉思逐雁來偏想臨潭菊芳蘂對誰開

駱賓王

駱賓王義烏人七歲能屬文尤妙於五言詩甞作帝京篇當時以爲絶唱初爲道王府屬歷武功主簿又調長安主簿武后時左遷臨海丞怏怏失志棄官去徐敬業舉義署爲府屬爲敬業草檄斥武后罪狀后讀之矍然歎曰宰相安得失此人敬業事敗賓王亡命不知所終中宗時詔求其文得數百篇集成十卷

渡瓜步江

捧檄辭幽徑鳴榔下貴一作遺洲驚濤疑躍馬積氣似連牛
月迴寒沙淨風急夜江秋不學浮雲影他鄉空一作容滯留

在軍登城樓

城上風威冷江中水氣寒戎衣何日定歌舞入長安

劉希夷

劉希夷一名庭芝汝州人少有文華落魄不拘常格後爲人所害希夷善爲從軍閨情詩詞旨悲苦未爲人重後孫昱撰正聲集以希夷詩爲集中之最由是大爲時所稱賞集十卷

江南曲八首選二

艤舟乘潮去風帆振早涼潮平見楚甸天際望維揚洄泝經千里煙波接兩鄉雲明江嶼出日照海流長此中逢歲宴浦樹落花芳

暮春三月晴維揚吳楚城城臨大江汜回映洞浦清晴雲曲金閣珠樓碧煙裏月明芳樹羣鳥飛風過長林雜花起可憐離別誰家子於此一至情何已

宋之問

宋之問一名少連字延清虢州弘農人弱冠知名初徵令與楊炯分直內教俄授雒州參軍累轉尚方監丞預修三教珠英後坐附張易之左遷瀧州參軍武三思用事起爲鴻臚丞景龍中再轉考功員外郎時中宗增置修文館學士之問與薛稷杜審言首膺其選轉越州長史睿宗即位徙欽州尋賜死集十卷

傷王七秘書監寄呈揚州陸長史通簡府僚廣陵以廣好事（一本無以廣四字）

王氏貴先宗衡門棲道風傳(一作得)心晤有物秉化遊無窮學與九流異機玄三語同書乃墨場絕文稱詞伯雄白屋藩魏主蒼生期謝公一祗賢良詔遂謁承明宮補衮望奚塞尊儒位未充罷官七門裏歸老一丘中嘗忝長者轍微言私謂通我行會稽郡路出廣陵東物在人已矣都疑淮海空

張若虛

張若虛揚州人兗州兵曹與賀知章張旭包融號吳中四士

春江花月夜

春江潮水連海平海上明月共潮生灩灩隨波千萬里

(一作頃)何處春江無月明江流宛轉遶芳甸月照花林皆似霰空裏流霜不覺飛汀上白沙看不見江天一色無纖塵皎皎空中孤月輪江畔何人初見月江月何年初照人人生代代無窮已江月年年秖相似不知江月待何人但見長江送流水白雲一片去悠悠青楓浦上不勝愁誰家今夜扁舟子何處相思明月樓可憐樓上月裴回應照離人妝(一作玉)鏡臺玉(一作遮)户簾中卷不去擣衣砧上拂還來此時相望不相聞願逐月華流照君鴻雁長飛光不度魚龍潛躍水成文昨夜閑潭夢落花可憐春半不還家江水流春去欲盡江潭落月復西斜斜月沈沈藏海霧碣石瀟湘無限路不知乘月幾人歸落月搖情

滿江樹

盧僎

盧僎吏部尚書從愿之從父也自聞喜尉入爲學士終吏部員外郎

稍秋曉坐閣遇舟東下揚州即事寄上族父江陽令

虎嘯山城晚猨鳴江樹秋紅林架落照青峽送歸流歸流赴淮海征帆下揚州族父江陽令盛業繼前修文掩崔亭伯德齊陳太丘時哉惜未與千載且爲儔憶昔山陽會長懷東上游稱觴阮林下賦雪謝庭幽道濃禮自略氣舒文轉遒高情薄雲漢酣態坐芳洲接席復連軫

出入陪華輈獨善與兼濟語默奉良籌歲月歡無已風雨暗颸颸掌憲時持節爲邦邀海頭子人惠雖樹蒼生望且留徵躬趨直道神甸忝清猷仙臺適西步鑾徼忽南浮宇內皆安樂天涯獨遠投忠信徒堅仗神明豈默訓觀生海漫漫稽命天悠悠雲昏巴子峽月遠吳王樓懷昔明不寐悲今歲屬周喟無排雲翮暫得抒離憂空灑霑紅淚萬里逐行舟

韋述

韋述京兆人家有書二千卷兒時記覽皆徧綴文操牘便就舉進士時甚少儀形眇小考功郎宋之問曰韋學士童年有何事業對曰性好著書之問曰本求異才果

得還周開元中詔馬懷素編次圖書乃奏用元行沖齊澣王珣吳兢幷述等二十六人同於祕閣詳錄四部書五年而成述好譜學又於柳沖姓族系錄外撰開元譜二十卷張說引爲集賢院直學士累遷尚書工部侍郎在書府四十年居史職二十年勒成國史事簡記詳蕭潁士以爲譙周陳壽之流後陷賊流渝州卒

廣陵送別宋員外佐越鄭舍人還京（一本題止還京二字一作張謂詩）

朱紱臨秦望皇華赴洛橋文章南渡越書奏北歸朝樹入江雲盡城銜海月遥秋風將客思川上晚蕭蕭

王泠然

王泠然開元五年登第王丘典吏部選時嘗被奬拔官

校書郎急於仕進有上張說書稱公之用人蓋已多矣僕之思用其來久矣僕雖不佞亦相公一株桃李也

汴堤柳（一本作題河邊枯柳）

隋家天子憶揚州厭坐深宮傍海游穿地鑿山開御路鳴笳疊鼓泛清流流從鞏北分河（一作河汾）口直到淮南種官柳功成力盡人旋亡代（一作運）謝年移樹空有當時綵女侍君王繡帳（一作帳殿）旌門對柳行青葉交垂連幔色白花飛度染衣香今日摧殘何用道數里曾無一枝好驛騎征帆損更多山精野魅藏應老涼風（一作秋）八（一作九）月露爲霜日夜孤舟入帝鄉河畔時時聞木落（一作落葉）客中無不淚沾裳（一作無個不沾裳）

淮南寄舍弟

昔予從不調經歲旅淮源念爾長相失何時返故園寄書迷處所分袂隔凉温遠道俱爲客他鄉共在原歸情春伴雁愁泣夜隨猨愧見高堂上朝朝獨倚門

萬齊融

萬齊融越州人官崑山令（按舊唐書文苑傳云神龍中賀知章與賀朝萬齊融張若虛邢巨包融俱以吳越之士文辭俊秀名揚於上京人間往往傳其文朝萬止山陰尉齊融崑山令蓋以萬字屬上文作賀朝萬及考唐人所選國秀搜玉二集俱作萬齊融賀朝今仍之）

送陳七還廣陵

風流誰代（一作氏）子雖有舊無雙歡酒言相送愁弦意不降落花覆河道垂楊拂水窗海潮與春夢朝夕廣陵江

孫逖

孫逖河南人開元中三擢甲科擢左拾遺表舉幕職入爲集賢院修撰改考功員外郎遷中書舍人典詔誥判刑部侍郎終太子詹事謚曰文集二十卷

揚子江樓

揚子何年邑雄圖作楚關江連二妃渚雲近八公山驛道清楓外人煙綠嶼間晚來潮正滿數處落帆還

王維

王維字摩詰河東人工書畫與弟縉俱有俊才開元九年進士擢第調太樂丞坐累爲濟州司倉參軍歷右拾遺監察御史左補闕庫部郎中拜吏部郎中天寶末爲

給事中安祿山陷兩都維爲賊所得服藥陽瘖拘于菩提寺祿山宴凝碧池維潛賦詩悲悼聞于行在賊平陷賊官三等定罪特原之責授太子中允遷中庶子中書舍人復拜給事中轉尚書右丞維以詩名盛於開元天寶間寧薛諸王駙馬豪貴之門無不拂席迎之得宋之問輞川別墅山水絕勝與道友裴迪浮舟往來彈琴賦詩嘯詠終日篤於奉佛晚年長齋禪誦一日忽索筆作書數紙別弟縉及平生親故舍筆而卒贈祕書監寶應中代宗問縉朕常於諸王坐聞維樂章今存幾何縉集詩六卷文四卷表上之勅答云卿伯氏位列先朝名高希代抗行周雅長揖楚辭詩家者流時論歸美克成編

録歎息良深殷璠謂維詩詞秀調雅意新理愜在泉成珠著辟成繪蘇軾亦云維詩中有畫畫中有詩也

送從弟蕃遊淮南

讀書復騎射帶劒遊淮陰淮陰少年輩千里遠相尋高義難自隱明時寧陸沈島夷九州外泉館三山深席帆聊問罪卉服盡成擒歸來見天子拜爵賜黃金忽思鱸魚鱠復有滄洲心天寒蒹葭渚日落雲夢林江城下楓葉淮上聞秋砧送歸青門外車馬去駸駸惆悵新豐樹空餘天際禽

崔顥

崔顥汴州人開元十一年登進士第有俊才累官司勳

員外郎天寶十三年卒

維揚送友還蘇州

長安南下幾程途得到邗溝弔綠蕪渚畔鱸魚舟上釣羨君歸老向東吳

祖詠

祖詠洛陽人登開元十二年進士第與王維友善

泊揚子津一作岸

纔入維揚郡鄉關一作山此路一作地遥林藏一作殘初過一作霽雨風退欲歸潮江火明沙岸雲帆礙浦橋客衣今日一作正薄寒氣一作夜近一作昨來饒

李頎

李頎東川人家於潁陽擢開元十三年進士第官新鄉尉集一卷

琴歌

主人有酒歡今夕請奏鳴琴廣陵客月照城頭烏半飛霜淒萬樹風入衣銅鑪華燭燭增輝初彈淥水後楚妃一聲已動物皆靜四座無言星欲稀清淮奉使千餘里敢告雲山從此始

送劉昱

八月寒葦花秋江浪頭白北風吹五兩誰是潯陽客鸕鷀山頭微雨晴揚州郭裏暮潮生行人夜宿金陵渚試聽沙邊有一作南鴈聲

王昌齡

王昌齡字少伯京兆人登開元十五年進士第補秘書郎二十二年中宏詞科調汜水尉遷江寧丞晚節不護細行貶龍標尉卒昌齡詩緒密而思清與高適王渙之齊名時謂王江寧集六卷

客廣陵

樓頭廣陵近九月在南徐秋色明海縣寒烟生里閭夜帆歸楚客昨日度江書爲問易名叟垂綸不見魚

李嶷

李嶷開元十五年進士第官左武衛錄事殷璠稱其詩鮮潔有規矩其少年行三首詞雖不多翩翩然俠氣在目

淮南秋夜呈周偘（一作呈同僚）

天淨河漢高夜閑砧杵發清秋忽如此離恨應難歇風亂池上萍（一作螢）露光竹間月與君共遊處勿作他鄉別

劉長卿

劉長卿字文房河間人開元二十一年進士至德中爲監察御史以檢校祠部員外郎爲轉運使判官知淮南鄂岳轉運留後鄂岳觀察使吳仲孺誣奏貶潘州南巴尉會有爲之辯者除睦州司馬終隨州刺史以詩馳聲上元寶應間權德輿常謂爲五言長城皇甫湜亦云詩未有劉長卿一句已呼宋玉爲老兵其見重如此

送子壻崔真甫李穆往揚州四首選二

渡口發梅花山中動泉脉蕪城春草生君作揚州客半邏鶯滿樹新年人獨還落花逐流水共到茱萸灣

登揚州栖靈（一作西嶽）寺塔

北塔凌空虛雄觀壓川澤亭亭楚雲外千里看不隔遥對黃金臺浮輝亂相射盤梯接元氣半壁棲夜魄稍登諸劫盡若騁排霄（一作霜）翮向是滄洲人已爲青雲客雨飛千栱霽日在萬家夕鳥處高却低天涯遠如迫江流入空翠海嶠現微碧向暮期下來誰堪復行役

京口懷洛陽舊居兼寄廣陵二三知巳

川潤悲無梁藹然滄波夕天涯一飛鳥日暮南徐客氣

混京口雲潮呑海門石孤帆候風進夜色帶江白一水阻佳期相望空脉脉那堪歲芳盡更使春夢積故國（一作園）胡塵飛遠（一作故）山（一作異鄉）楚雲隔家人想何在庭草爲誰碧惆悵空傷情（一作往復）滄浪有餘（一作遺）跡嚴陵七里灘攜手同所適

同郭參謀詠崔僕射淮南節度使廳前竹（一作和郭參謀詠崔令公庭前竹）

昔種梁王苑今移漢將壇（一作不學媚清瀾能依上將壇）蒙籠（一作朦朧）低冕過青翠（一作犄）捲簾看得地移根遠經霜抱節難開花成鳳實嫩筍長魚竿藹藹軍容靜蕭蕭郡宇寬細音和角暮（一作響）踈影上門寒湘浦何年變（一作阮巷何人在）山陽（一作梁園）幾處殘不知（一作空餘）軒屏側歲晚對袁（一作伴任）安

冬夜宿揚州開元寺烈公房送李侍御之江東

遷客投百越窮陰淮海凝中原駞困獸萬里棲飢鷹寂寂連（一作蓮）宇下愛君心自弘空堂來霜氣永夜清明燈發後望煙水相思勞寢興暮帆背楚郭江色浮金陵此去爾何恨近名予未能爐峰若便道爲訪東林僧

禪智寺上方懷演和尚寺即和尚所創

絕巘東林寺高僧惠遠公買園隋苑下持（一作捧）鉢楚城中斗極千燈近煙波萬井通遠山低月殿寒木露花宮紺宇焚（一作燒）香淨滄洲擺（一作罷）霧空鴈來秋色裏曙起早潮東飛錫今何在蒼生待發蒙白雲翻送客庭樹（一作黃葉）自辭風捨筏追開士迴舟狎釣翁平生江海意惟共白鷗同

瓜洲驛奉餞張侍御公拜膳部郎中却復憲臺充賀蘭大夫留後使之嶺南時侍御先在淮南幕府

太華高標峻青陽淑氣盤屬辭傾渤澥稱價掩琅玕楊葉頻推中芸香早拜官後來慚轍跡先達仰門闌佐劇勞黃綬提綱疾素餐風生趨府步筆偃觸邪冠骨鯁知難屈鋒鋩豈易干佇將調玉鉉翻自落金丸異議那容直專權本畏彈寸心寧有負三黜竟無端遷喜鴻私降旋驚羽檄攢國讎朝市易人怨虎狼殘天地龍初見風塵虜未殫隨川歸少海就日背長安副相榮分寄輸忠義不刊擊胡馳汗馬遷蜀扈鳴鑾月罷名卿署星懸上

將壇三軍揺旆出百越畫圖觀茅茹能相引泥沙肯再蟠兼榮知任重交辟許才難勁直隨臺柏芳香動省蘭壁從全趙去鵬自北溟摶星象銜新寵風霜帶舊寒是非生倚伏榮辱繫悲歡疇昔徧殊眄屯蒙獨永歎不才成擁腫失計似邯鄲江國傷移律家山憶考槃一為鷗鳥誤三見露華團回首青雲裏應憐濁水瀾愧將生事托羞向鬢毛看知已傷愆素他人自好丹鄉春連楚越旅宿寄風湍世路東流水滄江一釣竿松聲伯禹穴草色子陵灘度嶺情何遽臨流興未闌梅花分路遠揚子上潮寬夢想懷依倚煙波限渺漫且愁無去雁寧冀少回鸞極浦春帆迴空郊晚騎單獨憐南渡月今夕送歸

鞍

瓜洲驛重送梁郎中赴吉州

渺渺雲山去幾重依依獨聽廣陵鐘明朝借問南來客五馬雙旌何處逢

送李穆歸淮南

揚州春草新年綠未去先愁去不歸淮水問君來早晚老一作無人偏畏過芳菲

獻淮寧一作寧淮軍節度使李相公一作淮西將李中丞又作獻南平王

建牙吹角不聞一作戰鬭喧三十登壇衆所尊家散萬金酬士死一作死事身留一作持一劒答君恩漁陽老將多迴席魯國諸生半在門白馬翩翩春草細一作綠郊原一作少陵一作邵陵西去獵平原

茱萸灣北荅崔載華問

荒凉野店絶迢遞人煙遠蒼蒼古木中多是隋家苑

避地江東留别淮南使院諸公

長安路絶鳥飛通萬里孤雲西復東舊業已應成茂草餘生只是任飄蓬何辭向（一作故）物開秦鏡却使他人得楚弓此去行持一竿竹等閑將狎釣漁翁

留辭

南楚迢迢通漢口西江淼淼去揚州春風已遣歸心促縱復芳菲不可留

瓜洲道中送李端公南渡後歸揚州道中寄

片帆何處去匹馬獨歸遲惆悵江南北青山欲暮時

吳中聞潼關失守因奉寄淮南蕭判官

一（一作早）鴈飛吳天羈人傷暮律松江風嫋嫋波上片帆疾木落姑蘇臺霜收洞庭橘蕭條長洲外唯見寒山出胡馬嘶秦雲漢兵亂相失關中因竊據天下共憂慄南楚有瓊枝相思怨瑶瑟一身寄滄洲萬里看白日赴敵甘負戈論兵勇投筆臨風但攘臂擇木將委質不如歸遠山雲臥飯松栗

秋日登吳公臺上寺遠眺寺即陳將吳明徹戰場（一作地）

古臺摇落後秋日（一作入）望鄉心野寺人來少雲峰水隔深夕陽依舊壘寒磬滿空林惆悵南朝事長江獨至今

奉送從兄罷官之淮南

何事浮溟渤元戎棄鏌鋣漁竿吾道在鷗鳥世情賒玄髮他鄉換滄洲此路遐沂沿隨桂檝醒醉任松華離别誰堪道艱危更可嗟兵鋒搖海內王命隔天涯鐘漏移長樂衣冠接永嘉還當拂氛祲那復臥雲霞溪路漫岡轉夕陽歸鳥斜萬艘江縣郭一樹海人家揮袂看朱紱揚帆指白沙春風獨迴首愁思極如麻

送沈少府之任淮南

惜君滯南楚枳棘徒棲鳳獨與千里帆春風遠相送此行山水好時物亦應衆一鳥飛長淮百花滿雲夢相期丹霄路遥聽清風頌勿爲州縣卑時來自爲用

更被奏留淮南送從弟罷使江東

又作淮南客還悲木葉聲寒潮落瓜步秋色上蕪城王事何時盡滄洲羨爾行青山將綠水惆悵不勝情

揚州雨中張十宅觀妓（一作張謂詩）

夜色帶（一作對又作滯）春煙燈花拂更然殘妝添石黛艷舞落金鈿掩笑頻欹扇迎歌乍動弦不知巫峽雨何事海西邊

蕭穎士

蕭穎士字茂挺開元中對策第一補祕書正字奉使括遺書趙衛間淹久不報爲有司劾免留客濮陽教授時號蕭夫子召爲集賢校理宰相李林甫怒其不下已調廣陵參軍事史官韋述薦穎士自代召詣史館待制林

甫愈見疾遂免官尋調河南府參軍事山南節度使源洧辟掌書記洧卒崔圓署爲揚州功曹參軍至官信宿去後客死汝南逆旅門人私謚曰文元先生穎士樂聞人善以推引後進爲已任所奬目皆爲名士集十卷

舟中遇陸棣兄西歸數日得廣陵二三子書知

遲晚次沙墊西岍作

林烏遥岍鳴早知東方曙波上風雨歇舟人叫將去蒼蒼前洲日的的囘沙鷺水氣清曉陰灘聲隱川霧舊山勞魂想憶人阻洄泝信宿千里餘佳期曷由遇前程入楚鄉弭棹問維揚但見土音異始知程路長寥寥晚空靜漫漫風淮涼雲景信可美風潮殊未央故人江皐上

永日念容光中路枉尺書謂余瓊樹芳深期結晤語竟夕恨相望冀願崇朝齊吾其一葦航

孟浩然

孟浩然字浩然襄陽人少隱鹿門山年四十乃遊京師常於太學賦詩一坐嗟伏與張九齡王維爲忘形交維私邀入内署適明皇至浩然匿牀下維以實對帝喜曰朕聞其人而未見也詔浩然出誦所爲詩至不才明主棄帝曰卿不求仕朕未常棄卿奈何誣我因放還採訪使韓朝宗約浩然偕至京師欲薦諸朝會與故人劇飲懽甚不赴朝宗怒辭行浩然亦不悔也張九齡鎮荊州署爲從事開元末疽發背卒浩然爲詩佇興而作造意

極苦篇什既成洗削凡近超然獨妙雖氣象清遠而采秀内映藻思所不及當明皇時章句之風大得建安體論者推李杜爲尤介其間能不媿者浩然也集三卷

宿揚子津寄潤州長山劉隱士

所思在建業(一作夢寐)欲往大江深日夕望京口煙波愁我心心馳茅山洞目極楓樹林不見少微星(一作隱)星(一作風)霜勞(一作徒)夜吟

宿桐廬江寄廣陵舊遊

山暝聞(一作聽)猿愁滄江急夜流風鳴兩岸葉月照一孤舟建德非吾土維揚憶舊遊還將兩(一作數)行淚遥寄海西頭

廣陵別薛八(一作送友東歸)

士有不得志棲棲吴楚間廣陵相遇罷彭蠡泛舟還檣出江中樹波連海上山風帆明日遠何處更追攀

渡揚子江

桂檝(一作挂席)中流望京江(一作空波)兩畔明林開揚子驛山出潤州城海盡邊陰靜江寒朔吹生更聞楓葉下淅瀝度秋聲

揚子津望京口

北固臨京口夷山近(一作對)海濱江風白浪起愁殺渡頭人

洛中送奚三還揚州

水國無邊際舟行共(一作興)使(一作便)風羨君從此去朝夕見鄉中予亦離家久南歸恨不同音書若有問江上會相逢

李白

李白字太白隴西成紀人涼武昭王暠九世孫或曰山東人或曰蜀人白少有逸才志氣宏放飄然有超世之心初隱岷山益州長史蘇頲見而異之曰是子天才英特可比相如天寶初至長安往見賀知章知章見其文歎曰子謫仙人也言於明皇召見金鑾殿奏頌一篇帝賜食親爲調羹有詔供奉翰林白猶與酒徒飲於市帝坐沈香亭子意有所感欲得白爲樂章召入而白已醉左右以水頮面稍解援筆成文婉麗精切帝愛其才數宴見白常侍帝醉使高力士脫韡力士素貴恥之摘其詩以激楊貴妃帝欲官白妃輒沮止白自知不爲親近所容懇求還山帝賜金放還乃浪跡江湖終日沈飲永王璘都督江陵辟爲僚佐璘謀亂兵敗白坐長流夜郎會赦得還族人陽氷爲當塗令白往依之代宗立以左拾遺召而白已卒文宗時詔以白歌詩裴旻劍舞張旭草書爲三絶云集三十卷

江夏行

憶昔嬌小姿春心亦自持爲言嫁夫壻得免長相思誰知嫁商賈令人却愁苦自從爲夫妻何曾在鄉土去年下揚州相送黃鶴樓眼看帆去遠心逐江水流只言期一載誰謂歷三秋使妾腸欲斷恨君情悠悠東家西舍同時發北去南來不逾月未知行李遊何方作箇音書能斷絶適來往南浦欲問西江船正見當壚女紅粧二

八年一種爲人妻獨自多悲悽對鏡便垂淚逢人只欲啼不如輕薄兒旦暮長相隨悔作商人婦青春長別離如今正好同懽樂君去容華誰得知

淮海對雪贈傅靄 一作淮南對雪贈孟浩然

朔雪落吴天從風渡溟渤海樹成陽春江沙浩明月 一本此下有飄颻四荒外想像千花發瑤草生階墀玉塵散庭闕四句 興從剡溪起思繞梁園發寄君郢中歌曲罷心斷絶 一本此四句作剡溪興空在郢路歌未歇寄君梁父吟曲盡心斷絶

贈徐安宜

白田見楚老歌詠徐安宜製錦不擇地操刀良在兹清風動百里惠化聞京師浮人若雲歸耕種滿郊岐川光淨麥隴日色明桑枝訟息但長嘯賓來或解頤青橙 一作橘 拂戶牖白水流園池遊子滯安邑懷恩未忍辭翳君樹桃李歲晚託深期

敘舊贈江陽宰陸調

泰伯讓天下仲雍揚波濤清風蕩萬古跡與星辰高開吴食東溟陸氏世英髦多君秉古節嶽立冠人曹風流少年時京洛事遊遨腰間延陵劍玉帶明珠袍我昔鬭雞徒連延五陵豪邀遮相組織呵嚇來煎熬君開萬叢人鞍馬皆辟易告急清憲臺脫余北門厄間宰江陽邑翦棘樹蘭芳城門何肅穆五月飛秋霜好鳥集珍木高才列華堂時從府中歸絲管儼成行但苦隔遠道無由共銜觴江北荷花開江南楊梅熟正好飲酒時懷賢在

心目掛席拾海月乘風下長川多沽新豐醁滿載剡溪船中途不遇人直到爾門前大笑同一醉取樂平生年

一本作太伯讓天下仲雍揚波濤清風蕩萬古跡與星辰高開吳食東溟陸氏世英髦夫子特峻秀岳立冠人曹風流少年時京洛事遊遨驂驔紅陽燕玉劍明珠袍一諾許他人千金雙錯刀滿堂青雲士望美期丹霄我昔北門厄摧如一枝蒿有虎挾雞徒連延五陵豪邀遮來組織呵嚇相煎熬君披萬人叢脫我如猶牢此恥竟未刷且食綏山桃非天雨文章所祖託風騷蒼蓬老壯髮長策未逢遭別君幾何時君無相思否鳴琴坐高樓淥水淨窓牖政成聞雅頌人吏皆拱手投刃有餘地迴車攝江陽錯雜非易理先威挫豪強城門何肅穆五月飛秋霜好鳥集珍木高才列華堂時從府中歸絲管儼成行但苦隔遠道無由共銜觴江北荷花開江南楊梅鮮挂席拾海月乘風下長川多沽新豐醁滿載剡溪船中途不遇人直到爾門前大笑同一醉取樂平生年

淮南臥病書懷寄蜀中趙徵君蕤

吳會一浮雲飄如遠行客(一作萬里無主人一身獨爲客)功業莫從就歲光屢奔迫良圖俄棄捐衰疾乃綿劇古琴藏虛匣長劍挂空壁楚冠(一作懷)懷(一作秦)鍾儀越吟比莊舄國門遙天外鄉路遠山隔(一作臥來恨已久興發思逾積)朝憶相如臺夜夢子雲宅旅情初結緝秋氣方寂歷風入松下清露出草間白故人不可見幽夢誰與適寄書西飛鴻贈爾慰離析

留别廣陵諸公(一作留别邯鄲故人)

憶昔作少年結交趙與燕金羈絡駿馬錦帶橫龍泉寸心無疑事所向非徒然晚節覺此疎獵精草太玄空名束壯士薄俗棄高賢中回聖明顧揮翰凌雲煙騎虎不敢下攀龍忽墮天還家守清眞孤潔厲秋蟬鍊丹費火石採藥窮山川卧海不關人租稅遼東田乘興忽復起櫂歌溪中船臨醉謝葛强山公欲倒鞭狂歌自此别垂釣滄浪前

寄淮南友人

紅顔悲舊國青歲歇芳洲不待金門詔空持寶劒遊海雲迷驛道江月隱鄉樓復作淮南客因逢桂樹留

廣陵贈別

玉瓶沽美酒數里送君還繫馬垂楊下銜盃大道間天邊看淥水海上見青山興罷各分袂何須醉別顔

秋日登揚州西靈塔

寶塔凌蒼蒼登攀覽四荒頂髙元氣合標出海雲長萬象分空界三天接畫梁水摇金刹影日動火珠光鳥拂瓊簾度霞連繡栱張目隨征路斷心逐去帆揚露浴梧楸白霜催橘柚黄玉毫如可見於此照迷方

之廣陵宿常二南郭幽居

緑水接柴門有如桃花源忘憂或假草滿院羅叢萱冥色湖上來微雨飛南軒故人宿茅宇夕鳥棲楊園還惜詩酒別深爲江海言明朝廣陵道獨憶此傾樽

白田馬上聞鶯

黄鸝啄紫椹五月鳴桑枝我行不記日誤作陽春時蠶老客未歸白田已繰絲驅馬又前去捫心空自悲

題瓜州新河餞族叔舍人賁

齊公鑿新河萬古流不絶豐功利生人天地同朽滅兩橋對雙閣芳樹有行列愛此如甘棠誰云敢攀折吳關倚此固天險自兹設海水落斗門湖平見沙汭我行送

季父弭櫂徙流悅楊花滿江來疑是龍山雪惜此林下
興愴爲山陽別瞻望清路塵歸來空寂滅

黃鶴樓送孟浩然之廣陵

故人西辭黃鶴樓煙花三月下揚州孤帆遠影碧山盡
唯見長江天際流

韋應物

韋應物京兆長安人少以三衛郎事明皇晚更折節讀
書永泰中授京兆功曹遷洛陽丞大曆十四年自鄠令
制除櫟陽令以疾辭不就建中三年拜比部員外郎出
爲滁州刺史久之調江州追赴闕改左司郎中復出爲
蘇州刺史應物性高潔所在焚香埽地而坐唯顧況劉

長卿丘丹秦系皎然之儔得厠賓客與之酬倡其詩閑
澹簡遠人比之陶潛稱陶韋云集十卷

揚州偶會前洛陽盧耿主簿應物頃貳洛陽常有連騎之遊

楚塞故人稀相逢本不期猶存袖裏字忽怪鬢中絲客
舍盈樽酒江行滿篋詩更能連騎出還似洛橋時

發廣陵留上家兄兼寄上長沙

將違安可懷宿戀復一方家貧無舊業薄宦各飄颻執
板身有屬淹時心恐惶拜言不得留聲結淚滿裳漾漾
動行舫亭亭遠相望離晨苦須臾獨往道路長蕭條風
雨過得此海氣涼感秋意已違況自結中腸推道固當
遣及情豈所忘何時共還歸舉翼鳴春陽

初發揚子寄元大校書

悽悽去親愛泛泛入煙霧歸棹洛陽人殘鐘廣陵樹今朝此爲别何處還相遇世事波上舟沿洄安得住

淮上即事寄廣陵親故

前舟已眇眇欲渡誰相待秋山起暮鐘楚雨連滄海風波離思滿一作遠宿昔容鬢改獨鳥下東南廣陵何處在

送元倉曹歸廣陵

官閑得去住告别戀音徽一作輝舊國應無業他鄉到是歸楚山明月滿淮甸夜鐘微何處孤舟泊遥遥心曲違

喜於廣陵拜覲家兄奉送發還池州

青青連枝樹苒苒久别離客遊廣陵中俱到若有期俯

仰敘存歿哀腸發酸悲收情且爲歡累日不知飢夙駕多所廹復當還歸池長安三千里歲晏獨何爲南出登閶門驚飇左右吹所别諒非遠要令心不怡

送槐廣落第歸揚州

下第常稱屈少年心獨輕拜親歸海畔似舅得詩名晚對青山别遥尋芳草行還期應不遠寒露濕蕪城

酬柳郎中春日歸揚州南郭見别之作

廣陵三月花正開花裏逢君醉一迴南北相過殊不遠暮潮從去早潮來

廣陵遇孟九雲卿

雄藩本帝都遊士多俊賢夾河樹鬱鬱華館千里連新

知雖滿堂中意頗未宣忽逢翰林友歡樂斗酒前高文
激頹波四海靡不傳西施且一笑衆女安得妍明月滿
淮海哀鴻逝長天所念京國遠我來君欲（一作獨）還（一作又旋）

感鏡

鑄鏡廣陵市菱花匣中發夙昔嘗許人鏡成人已没如
冰結圓器類璧無絲髮形影終不臨清光殊不歇一感
平生言松枝樹（一作挂）秋月

廣陵行

雄藩鎮楚郊地勢鬱岧嶤雙旌擁萬戟中有霍嫖姚海
雲助兵氣寶貨益軍饒嚴城動寒角晚騎踏霜橋翕習
英豪集振奮士卒驍列郡何足數趨拜等卑寮日晏方

云罷人逸馬蕭蕭忽如京洛間遊子風塵飄歸來視寶
劍功名豈一朝

張謂

張謂字正言河南人天寶二年登進士第乾元中爲尚
書郎大曆間官至禮部侍郎三典貢舉詩一卷

揚州雨中張十七宅觀妓（一作劉長卿詩）

夜色帶寒煙燈花拂更然殘妝添石黛豔舞落金鈿掩
笑須欹扇迎歌乍動弦不知巫峽雨何事海西邊

岑參

岑參南陽人文本之後少孤貧篤學登天寶三載進士
第由率府參軍累官右補闕論斥權倖改起居郎尋出

爲虢州長史復入爲太子中允代宗總戎陝服委以書奏之任由庫部郎出刺嘉州杜鴻漸鎭西川表爲從事以職方郎兼侍御史領幕職使罷流寓不還遂終於蜀參詩辭意清切迥拔孤秀多出佳境每一篇出人競傳寫比之吳均何遜焉集八卷

送揚州王司馬

君家舊淮水水上到揚州海樹青官舍江雲黑郡樓東南隨去鳥人吏待行（一作歸）舟爲報吾兄道如今已白頭

李嘉祐

李嘉祐字從一趙州人天寶七年擢第授秘書正字坐事謫鄱江令調江陰入爲中臺郎上元中出爲台州刺史大曆中復爲袁州刺史與嚴維劉長卿冷朝陽諸人友善爲詩麗婉有齊梁風集一卷

送杜御史還廣陵

慙君從弱歲（一作冠）顧我比諸昆同事元戎久俱承國士恩隨鶯過淮水看柳向轅門草色金陵岸思心那可論

和韓郎中揚子津翫雪寄嚴維

雪深揚子岸看柳盡成梅山色潛知近潮聲只聽來夜禽驚曉散春物受寒催粉署生新興瑤華寄上才

廣陵送林宰

清政過前哲香名達至尊明通漢家籍重識府公恩春景生雲物風潮斂雪痕長吟策羸馬青楚入關門

潤州楊別駕宅送蔣九侍御收兵歸揚州

沴（一作冷）氣清金虎兵威壯鐵冠揚旌川色暗（一作瞑）吹角水風寒人對輜軿醉花垂（一作看）睥睨殘羨歸丞相閣（一作府）空望舊門（一作雕）欄

送皇甫冉往安宜

江皋盡日唯煙水君向白田何日歸楚地蒹葭連海逈隋朝楊柳映堤稀津樓故市無行客山館荒城閉落暉若問行人與征戰使君雙淚定霑衣

送陸澧還吴中（一作劉長卿詩）

瓜步寒潮送客楊花莫雨霑衣故鄉南望何處秋水連天獨歸

包何

包何字幼嗣潤州延陵人融之子與弟佶齊名世稱二包登天寶進士第大曆中爲起居舍人詩一卷

同諸公尋李方直不遇

聞說到揚州吹簫憶舊遊人來多不見莫是上迷樓

高適

高適字達夫渤海蓨人舉有道科釋褐封丘尉不得志去游河右哥舒翰表爲左驍衛兵曹掌書記進左拾遺轉監察御史潼關失守適奔赴行在擢諫議大夫節度淮南李輔國譖之左授太子少詹事出爲蜀彭二州刺史進成都尹劒南西川節度使召爲刑部侍郎轉散騎

常侍封渤海縣侯永泰二年卒贈禮部尚書謚曰忠適喜功名尚節義年過五十始學爲詩以氣質自高每吟一篇已爲好事者傳誦開寶以來詩人之達者惟適而已集二卷

登廣陵棲靈寺塔

淮南富登臨兹塔信奇最直上造雲族憑虛納天籟迥然碧海西獨立飛鳥外始知高興盡適與賞心會連山黯吳門喬木吞楚塞城池滿窗下物象一作華歸掌內遠思駐江帆暮時一作情一作晴結春靄軒車疑蠢動造化資大塊何必了無身然後知所退

廣陵別鄭處士

落日知分手春風莫斷腸興來無不愜才在亦何傷溪水堪垂釣江田耐插秧人生只爲此亦足傲羲皇

杜甫

杜甫字子美其先襄陽人曾祖依藝爲鞏令因居鞏甫天寶初應進士不第後獻三大禮賦明皇奇之召試文章授京兆府兵曹參軍安祿山陷京師肅宗即位靈武甫自賊中遯赴行在拜左拾遺以論救房琯出爲華州司功參軍關輔饑亂寓居同州同谷縣身自負薪采梠鋪糒不給久之召補京兆府功曹道阻不赴嚴武鎮成都奏爲參謀檢校工部員外郎賜緋武與甫世舊待遇甚厚乃於成都浣花里種竹植樹枕江結廬縱酒嘯歌

其中武卒甫無所依乃之東蜀就高適既至而適卒是歲蜀帥相攻殺蜀大擾甫攜家避亂荆楚扁舟下峽未維舟而江陵亦亂乃泝沿湘流遊衡山寓居耒陽卒年五十九元和中歸葬偃師首陽山元稹志其墓天寶間甫與李白齊名時稱李杜然元稹之言曰李白壯浪縱恣擺去拘束誠亦差肩子美矣至若鋪陳終始排比聲韻大或千言次猶數百詞氣豪邁而風調清深屬對律切而脫棄凡近則李尚不能歷其藩翰況堂奥乎白居易亦云杜詩貫穿古今盡工盡善殆過於李元白之論如此蓋其出處勞佚喜樂悲憤好賢惡惡一見之於詩而又以忠君憂國傷時念亂爲本旨讀其詩可以知其世故當時謂之詩史舊集詩文共六十卷

奉寄章十侍御（原注時初罷梓州刺史東川留後將赴朝廷章彝初爲嚴武判官後爲武所殺武再鎮蜀彝已入覲豈未行而殺之耶）

淮海維揚一俊人金章紫綬照青春指麾能事迴天地
訓練強兵動鬼神湘西不得歸關羽河内猶宜借寇恂
朝覲從容問幽仄勿云江漢有（一作老）垂綸

解悶十二首選一

商胡離别下揚州憶上西（一作蘭）陵故驛樓爲問淮南米貴賤老夫乘興欲東流（一作遊）

錢起

錢起字仲文吴興人天寶十載登進士第官祕書省校

書郎終尚書考功郎中大曆中與韓翃李端輩號十才子詩格新奇理致清贍集十三卷

送萬兵曹赴廣陵

秋日思還(一作遠)客臨流語別離楚城將坐嘯郢曲有餘悲山晚桂花老江寒蘋葉衰應須楊得意更誦長卿辭

韓翃

韓翃字君平南陽人登天寶十三載進士第淄青侯希逸宣武李勉相繼辟幕府建中初以詩受知德宗除駕部郎中知制誥擢中書舍人卒翃與錢起盧綸輩號大曆十才子爲詩興致繁富一篇一詠朝野珍之集五卷

送郭贊府歸淮南

駿馬淮南客歸時引望新江聲六合暮楚色萬家春白苧歌西曲黃苞寄北人不知心賞後早晚見(一作促)行塵

送蔣員外端公歸淮南

淮南芳草色日夕引歸船御史王元貺郎官顧彥先光風千日暖寒食百花燃惆悵佳期近澄江與暮天

獨孤及

獨孤及字至之洛陽人天寶末以道舉高第補華陰尉代宗召爲左拾遺俄改太常博士遷禮部員外郎歷濠舒二州刺史以治課加檢校司封郎中賜金紫徙常州卒謚曰憲集三十卷内詩三卷

官渡柳歌送李員外承恩往揚州覲省

君不見官渡河兩岸三月楊柳枝千條萬條色一一勝綠絲花作鉛粉系葉成翠羽帳此時送遠人悵望春水上遠客折楊柳依依兩含情夾郎木蘭舟送郎千里行郎把紫泥書東征覲庭闈脫却貂襜褕新著五綵衣雙鳳并兩翅將雛東南飛五兩得便風幾日到揚州莫貪揚州好客行剩淹留郎到官渡頭春闈一作閨已應久殷勤道遠別爲謝大堤柳攀條儻相憶五里一回首明年柳枝黃問郎還家否

皇甫冉

皇甫冉字茂政潤州丹陽人晉高士謐之後十歲能屬文張九齡深器之天寶十五載舉進士第一授無錫尉

歷左金吾兵曹王縉爲河南帥表掌書記大曆初累遷右補闕奉使江表卒於家冉詩天機獨得遠出情外集三卷

送田濟之揚州赴選

家貧不自給求祿爲荒年調補無高位卑棲屈此賢江山欲霜雪吳楚接風煙相去誠非遠離心亦渺然

柳中庸

柳中庸名淡以字行河東人宗元之族御史并之弟也與弟中行皆有文名蕭頴士以女妻之仕爲洪府户曹

揚子途中

楚塞望蒼然寒林古戍邊秋風人渡水落日雁飛天

蔣渙

蔣渙洌之弟擢進士天寶末爲給事中永泰初歷鴻臚卿日本使嘗遺金帛不受惟取牋一番爲書以貽其副終禮部尚書

途次維揚望京口寄白下諸公

北望情何限南行路轉深晩帆低荻葉寒日下楓林雲白蘭陵渚煙青建業岑江天秋向盡無處不傷心

登栖霞寺塔

三休尋磴道九折步雲霓遲澗臨江北郊原極海西沙平瓜步出樹遠綠揚低南指晴天外青峯是會稽

顧況

顧況字逋翁海鹽人肅宗至德進士長於歌詩性好恢諧嘗爲韓滉節度判官與柳渾李泌善渾輔政以校書徵泌爲相稍遷著作郎悒悒不樂求歸坐詩語調謔貶饒州司户參軍後隱茅山以壽終集二十卷

酬揚州白塔寺永上人

塔上是何緣香燈續細煙松枝當麈尾柳絮替蠶綿浮草經行徧空花義趣圓我來雖爲法暫借一牀眠

送大理張卿 一題作送張衛尉

春色依依惜一作傷解攜月卿今夜泊隋堤白沙洲上江蘺長綠樹村邊謝豹啼遷客比一作此又作本來無倚仗故人相去隔雲泥越禽唯有南枝分目一作自送孤一作歸鴻飛向西

竇常

竇常字中行大曆中及進士第隱居廣陵之柳楊著書二十年不出後淮南節度杜佑辟爲叅謀元和間自湖南判官入爲侍御史轉水部員外郎出刺朗州固陵潯陽臨川四郡入爲國子祭酒致仕卒贈越州都督有集十八卷

和裴端公樞蕪城秋夕簡遠近親知

歲積登朝戀秋加陋巷貧宿酲因夜歌佳句得愁新盡日憑幽几何時上軟輪漢廷風憲在應念匪躬人

竇鞏

竇鞏字友封登元和進士累辟幕府入拜侍御史轉司

勳員外刑部郎中元稹觀察浙東奏爲副使又從鎮武昌歸京師卒鞏雅裕有名於時平居與人言若不出口世稱囁嚅翁白居易編次往還詩尤長者號元白往還集鞏亦與焉

登玉鈎亭奉獻淮南李相公

西南城上高高處望月分明似玉鈎朱檻入雲看鳥滅綠楊如薺遶江流定知有客嫌陳榻從此無人上庾樓今日卷簾天氣好不勞騎馬看揚州

宮人斜

離宮路遠北原斜生死恩深不到家雲雨今歸何處去黃鸝飛上野棠花

陳潤

陳潤大曆間人終坊州鄜城縣

登西靈塔

塔廟出招提登臨碧海西不知人意遠漸覺鳥飛低稍與雲霞近如將日月齊遷喬未得意徒欲躡雲梯

朱長文

朱長文大曆間江南詩人

春眺揚州西上（一無上字）崗寄徐員外

蕪城西眺極蒼流漠漠春煙間曙樓瓜步早潮吞建業蒜山晴雪照揚州隋家故事不能問鶴在仙（一作山）池期我遊（一本無此二句）

戴叔倫

戴叔倫字幼公潤州金壇人劉晏管鹽鐵表主運湖南嗣曹王皋領湖南江西表佐幕府皋討李希烈留叔倫領府事試守撫州刺史俄即眞遷容管經略使綏徠蠻落威名流聞德宗嘗賦中和節詩遣使者寵賜世以爲榮集十卷

廣陵送趙（一作王）主簿自蜀歸絳州寧覲（一本無絳州寧覲四字）

將歸汾水上遠省（一作自）錦城來已泛西江盡仍隨北鴈迴暮雲征馬速曉月故關開漸向庭闈近留君醉一杯

送萬户曹之任揚州便歸舊隱

擬歸雲壑去聊寄宦名中俸祿資生事文章實（一作詩篇記）國

風聽潮回(一作翻)楚浪看月照隋宮儻有登樓望(一作夜)還應伴庾公

盧綸

盧綸字允言河中蒲人大曆初數舉進士不第元載取其文以進補閿鄉尉累遷監察御史輒稱疾去坐與王縉善久不調建中初爲昭應令渾瑊鎮河中辟元帥判官累遷檢校戶部郎中貞元中舅韋渠牟表其才驛名之會卒集十卷

送魏廣下第歸揚州

楚鄉雲水內春日衆山開淮浪參差起江帆次第來獨歸初失桂共醉忽停杯漢詔年年有何愁掩上才

同王員外雨後登開元寺南樓因寄西巖警(一作謵)上人

過雨開樓看晚虹白雲相逐水相通寒蟬噪暮野無日古樹傷秋天有風數穗遠煙凝壠上一枝繁果憶山中何言暫別東林友惆悵人間事不同

泊揚子江岸

山映(一作影)南徐暮千帆入古(一作吉)津魚驚出浦火月照渡江人清鏡催雙鬢滄波寄一身空憐莎草色長接故園春

李益

李益字君虞姑臧人大曆四年登進士第授鄭縣尉久不調益不得意北遊河朔幽州劉濟辟爲從事嘗與濟

詩有怨望語憲宗時召爲祕書少監集賢殿學士自負才地多所凌忽爲衆不容諫官舉其幽州詩句降居散秩俄復用爲祕書監遷太子賓客集賢學士判院事轉右散騎常侍太和初以禮部尚書致仕卒益長於歌詩貞元末與宗人李賀齊名每作一篇教坊樂人以賂求取唱爲供奉歌辭其征人歌早行篇好事畫爲屏障集一卷

揚州懷古

故國歌鐘地長橋車馬塵彭城閣邊柳偏似不勝春

揚州早雁

江上三千雁年年過故宮可憐江上月偏照斷根蓬

汴河曲

汴水東流無限春隋家宮闕（一作苑）已（一作盡）成塵行人莫上長堤望風（一作吹）起楊花愁殺人

柳楊送客（一作揚州萬里送客）

青楓江畔白蘋洲楚客傷離不待秋君見隋朝更何事柳楊（一作津）南渡水悠悠

揚州送客（一本題下有聞笛二字）

南行直入鷓鴣羣萬歲橋邊一送君聞道（一作笛裏）望鄉聞（一作聽）不得梅花暗落嶺頭雲

隋宮燕

燕語如傷舊國春宮花（一作苑）落已成塵自從一閉風光

後幾度飛來不見人

逢歸信偶寄

無事將心寄柳條等閑書字滿芭蕉鄉關若有東流信
遣送揚州近驛橋

李端

李端字正己趙郡人大曆五年進士與盧綸吉中孚韓翃錢起司空曙苗發崔峒耿湋夏侯審唱和號大曆十才子嘗客駙馬郭曖第賦詩冠其坐客初授校書郎後移疾江南官杭州司馬卒集三卷

送魏廣下第歸揚州寧親

遊宦今空返浮淮一雁秋白雲陰澤國青草遶揚州謁膳過花下張筵到水頭崑山仍有玉歲晏莫淹畱

送郭補闕歸江陽

東門春尚淺楊柳未成陰雁影愁斜日鶯聲怨故林隋宮江上遠梁苑雪中深獨有懷歸客難爲欲別心

曉發瓜州

曉發悲行客停橈獨未前寒江半有月野戍漸無煙棹唱臨高岸鴻嘶發遠田誰知避徒御對酒一潸然

宿瓜洲寄柳中庸

懷人同不寐清夜起論文月魄正出海雁行斜上雲寒潮來灧灧秋葉下紛紛便送江東去徘徊祇待君

蕪城 一作蕪城懷古

風吹城上樹草沒城邊一作下路城裏月明時精靈自來去

楊凝

楊凝字懋功由協律郎三遷侍御史爲司封員外郎徙吏部稍遷右司郎中終兵部郎中集二十卷

送别

樽酒郵亭暮雲帆驛使歸野鷗寒不起川雨凍難飛吳會家移遍軒轅夢去稀姓楊皆足淚非是强沾衣

司空曙

司空曙字文明一作初廣平人登進士第從韋皋於劍南貞元中爲水部郎中終虞部郎中詩格清華爲大曆十才子之一集三卷

送喬廣下第歸淮南

遥想長淮盡荒堤楚路斜戍旗標白浪罟網入青葭啼一作歸鳥仍臨水愁人更見一作看花東堂一枝在爲子惜年華

送鄭況往淮南

西楚見南關蒼蒼落日間雲離大雷樹潮入秣陵山登戍因高望停橈放溜閑陳公有賢榻君去豈空還

崔峒

崔峒博陵人登進士第爲拾遺集賢學士終於州刺史藝文傳云終右補闕大曆十才子之一也詩一卷

揚州選蒙相公賞判雪後呈上

自得山公許休畊海上田慙看長史傳欲棄釣魚船窮

巷殷憂日蕪城雨雪天此時瞻相府心事比旌懸

宿禪智寺上方演大師院

石林（一作牀）高幾許金刹在中峰白日空山梵清（一作晴）霜後夜鐘竹窗迴翠壁苔徑入寒松幸接無生法疑心怯所從

送薛仲方歸揚州

佳句應無敵貞心不有猜（一作暫回）慙爲丈人行怯見後生才泛舸貪斜月浮橈值早梅綠楊新過雨芳草待君來

王建

王建字仲初潁川人大曆十年進士初爲渭南尉歷秘書丞侍御史太和中出爲陝州司馬從軍塞上後歸咸陽卜居原上建工樂府與張籍齊名宮詞百首尤傳誦人口詩集十卷

維揚冬末寄幙中二從事

江上數株桑棗樹自從離亂更荒涼那堪旅館經殘臘秪把空書寄故鄉典盡客衣三尺雪鍊精詩句一頭霜故人多在芙蓉幙應笑孜孜道未光

江南三臺詞四首選一

揚州橋邊少（一作小）婦長安（一作干）城（一作市）裏商人二（一作三）年不得消息各自拜鬼求神

揚州尋張籍不見

別後知君在楚城揚州寺裏覓君名西江水闊吳山遠却打船頭向北行

夜看揚州市

夜市千燈照碧雲高樓紅袖客紛紛如今不似時平日猶自笙歌徹曉聞

劉商

劉商字子夏彭城人少好學工文善畫登大曆進士第官至檢校禮部郎中汴州觀察判官集十卷

送薛六暫遊揚州

志在乘軒鳴玉珂心期未快隱青蘿廣陵行路風塵合城郭新秋砧杵多

白沙宿竇常宅觀妓

楊子澄江映晚霞柳條垂岸一千家主人留客江邊宿十月繁霜見杏花

朱放

朱放字長通襄州人隱於越之剡溪嗣曹王皐鎮江西辟節度參謀貞元初召爲拾遺不就詩一卷

楊子津送人

今朝楊子津忽見五溪人老病無餘事丹砂乞五斤

亂後經淮陰岸

荒村古岸誰家在野水浮雲處處愁唯有河邊衰柳樹蟬聲相送到揚州

武元衡

武元衡字伯蒼河南緱氏人建中四年登進士第累辟

使府至監察御史後後改華原縣令德宗知其才召授比部員外郎歳内三遷至右司郎中尋擢御史中丞順宗立罷爲右庶子憲宗即位復前官進户部侍郎元和二年拜門下侍郎平章事尋出爲劍南節度使八年徵還秉政早朝爲盜所害贈司徒謚忠愍臨淮集十卷

古意

蜀國春與秋岷江朝夕流長波東接海萬里至揚州開門面淮甸楚俗饒歡宴舞榭黄金梯歌樓白雲一作雪面蕩子未言歸池塘月如練

奉酬淮南中書相公見寄 并序

皇帝改元之二年余與趙公同制入輔並爲黄門侍郎夏五月連拜弘文崇文大學士冬十月詔授檢校吏部尚書兼門下侍郎彤弓旅矢出鎮西蜀後九月趙公加大司馬之秩右弼如故龍旂虎符出制淮海時號揚益俱爲重藩左右皇都萬里何遠公手提兵柄心匠化源芳詞況余情勤靡極質文相映金玉鏘然蜀道之阻長楚郊之風物襟靈所屬盡在斯矣永懷趙公歳寒交好之情因成詩人不可方思之義聊書匪報以歎遐心

揚州隋故都竹使漢名儒翊聖恩華異持衡節制殊朝廷連受脤台座接訏謨金玉裁王度丹書奉帝俞九重辭象魏千萬握兵符鐵馬秋臨塞虹旌夜渡瀘江長梅

笛怨天遠桂輪孤浩歎煙霜曉芳期蘭蕙蕪雅言書一札賓一作濱海雁東隅歲月奔波盡音徽霧雨濡蜀江分井絡錦浪入淮湖獨抱相思恨關山不可踰

權德輿

權德輿字載之天水略陽人未冠即以文章稱杜佑裴胄交辟之德宗聞其材召爲太常博士改左補闕兼制誥進中書舍人歷禮部侍郎三知貢舉憲宗元和初歷兵部吏部侍郎坐郎吏誤用官闕改太子賓客俄復前官遷太常卿拜禮部尚書同平章事會李吉甫再秉政帝又自用李絳議論持異德輿從容不敢有所輕重坐是罷以檢校吏部尚書留守東都復拜太常卿徙刑部

尚書出爲山南西道節度使二年以病乞還卒於道年六十贈左僕射謚曰文德輿積思經術無不貫綜其文雅正贍縟動止無外飾而醞藉風流自然可慕爲貞元元和間縉紳羽儀文集五十卷

奉和許閣老酬淮南崔十七端公見寄

文行蘊良圖聲華挹大巫掄才超粉署駮議在黃樞自得環中辨偏推席上儒八音諧雅樂六轡騁康衢密侍仝一作金鏘珮雄才本棄繻爐煙霏瑣闥宮漏滴銅壺舊友雙魚至新文六義敷斷金揮麗藻比玉詠生芻交辟嘗推重單辭忽受誣風波疲賈誼岐路泣楊朱溟漲前程險炎荒旅夢孤空悲鳶跕水翻羨鴈銜蘆故國方迢遞

羈愁自鬱紆遠猷來象魏霈澤過番禺盡室扁舟客還
家萬里途索居因仕宦著論擬潛夫帆席來應駛郊園
半已蕪夕陽尋古井（一作）逕涼吹動纖枯憶昔同驅傳忘懷
或據梧幕庭依古剎緡稅給中都爪步經過慣龍沙眺
聽殊春山嵐漠漠秋渚露塗塗（德輿建中興元之間與崔同爲鹽鐵巳大夫從事揚子既濟寺貞元初德輿受辟于江西廉推崔又知度支院在焉）孰謂原思病非關甯武愚方看簪獬豸
俄歎縶騊駼芳訊風情在佳期歲序徂二賢歡最久三
益義非無柏悅心應爾松寒志不渝子將陪禁掖亭伯
限江湖交分終推轂離憂莫向隅分曹日相見延首憶
田蘇

酬蔡十二博士見寄四韻

蕪城十年別蓬轉居不定終歲白屋貧獨謠清酒聖風
塵韋帶減霜雪松心勁何以浣相思啟元能盡性（君著周易啟元十卷）

送濬上人歸揚州禪智寺

靄（一作靄）露宗通法已傳麻衣筇杖去悠然揚州後學應相
待遙想旛花古寺前

送殷卿罷舉歸淮南舊居

計偕十上竟無成忽憶嵓居便獨行志業嘗探絕編義
風塵虛作棄繻生歲儲應歎山田薄里社時逢野醞清
惆悵中年羣從少相看欲別倍關情

揚州與丁山人別

將軍易一作亦道今威仙華髮清談得此賢惆悵今朝廣陵別遼東後會復何年

宫人斜絶句

一路斜分古驛前陰風切切晦秋煙鉛華新舊共冥冥日暮愁鴟一作鴉飛野田

晚渡楊子江卻寄江南親故

返照滿寒流輕舟任搖漾支頤見千里煙景非一狀遠岫有無中片帆風水上天清去鳥滅浦迥寒沙漲樹晚疊秋嵐江空翻宿浪胷中千萬慮對此一清曠迴首碧雲深佳人不可望

從事淮南府過亡友楊校書舊廳感念愀然一下有遂書十韻

故人隨化往倏忽今六霜及我就拘限清風留此堂松竹逾映蔚一作鬱芝蘭自銷亡絶弦罷流水聞笛同山陽頎一作瑩一作潔如冰玉姿粲若鸞鳳章欲翥摧勁翮先秋落貞芳正平賦鸚鵡文考頌靈光二子古不弔夫君今何一作可傷黄墟一作壚既杳杳玄化亦茫茫豈必限宿草含悽一作淒灑衣裳

廣陵詩

廣陵寔佳麗隋季此爲京八方稱輻湊五達如砥平大旆映空色笳簫發連營層臺出重霄金碧摩顥清交馳流水轂迴接浮雲甍青樓旭日映緑野春風晴噴玉光

照地顰蛾價傾城燈前弄一作頻巧笑陌上相逢迎飄飄翠羽薄掩映紅襦明蘭麝遠不散管弦閑自清曲士守文墨達人隨性情茫茫竟同盡冉冉將何營且申今日歡莫務身後名肯學諸儒輩書窗誤一生

陳羽

陳羽江東人登貞元進士第歷官樂宮尉佐詩一卷

廣陵秋夜對月即事

霜落寒空月上樓月中歌吹一作飲唱滿揚州相看醉舞倡樓月不覺隋家陵樹秋

歐陽詹

歐陽詹字行周晉江人常袞薦之始舉進士閩人擢第自詹始官國子監四門助教集十卷

九日廣陵同陳十五先輩登高懷林十二先輩

客路重陽日登高寄上樓風煙今令節臺閣古雄州泛菊聊斟酒持萸懶插頭情人共惆悵良久不同遊

九日廣陵登高懷邵二先輩

簪萸泛菊俯平阡飲過三杯却惆然十歲此辰同醉友登高各處已三年

柳宗元

柳宗元字子厚河東人登進士第應舉宏辭授校書郎調藍田尉貞元十九年爲監察御史裏行王叔文韋執誼用事尤奇待宗元擢尚書禮部員外郎會叔文敗貶

永州司馬宗元少精警絶倫爲文章雄深雅健踔厲風發爲當時流輩所推仰旣罹竄逐涉履蠻瘴居閒益自刻苦其堙厄感鬱一寓諸文讀者爲之悲惻元和十年移柳州刺史江嶺間爲進士者走數千里從宗元遊經指授者爲文辭皆有法世號柳柳州元和十四年卒年四十七集四十五卷

酬婁秀才寓居開元寺早秋月夜病中見寄

客有故園思瀟湘生夜愁病依居士室夢繞羽人丘味道憐知止遺名得自求壁（一作堂）空殘月曙門掩候蟲秋謬委雙金重難徵雜佩酬碧霄無枉路徒此助離憂

劉禹錫

劉禹錫字夢得彭城人貞元九年擢進士第登博學宏詞科從事淮南幕府入爲監察御史王叔文用事引入禁中與之圖議言無不從轉屯田員外郎判度支鹽鐵案叔文敗坐貶連州刺史在道貶朗州司馬落魄不自聊吐詞多諷託幽遠蠻俗好巫嘗依騷人之旨倚其聲作竹枝詞十餘篇武陵谿洞間悉歌之居十年召還將置之郎署以作玄都觀看花詩涉譏忿執政不悅復出刺播州裴度以母老爲言改連州徙夔和二州久之徵入爲主客郎中又以作重游玄都觀詩出分司東都度仍薦爲禮部郎中集賢直學士度罷出刺蘇州徙汝同二州遷太子賓客分司禹錫素善詩晚節尤精不幸坐

廢偃蹇寡所合乃以文章自適與白居易酬復頗多居易嘗敘其詩曰彭城劉夢得詩豪者也其鋒森然少敢當者又言其詩在處應有神物護持其爲名流推重如此會昌時加檢校禮部尚書卒年七十二贈户部尚書詩集十八卷

晩步楊子游南塘望沙尾

淮海多夏雨曉來天始晴蕭條長風至千里孤雲生卑濕久喧濁搴開偶虛清客遊廣陵郡晩出臨江城郊外綠楊陰江中沙嶼明歸帆翳盡日去櫂聞遺聲鄉國殊渺漫羈心目懸旌悠然京華意悵望懷遠程薄暮大山上翩翩雙鳥征

罷郡姑蘇北歸渡楊子津

幾歲悲南國今朝賦北征歸心渡江勇病體得秋輕海濶石門小城高粉堞明金山舊遊寺過岸聽鐘聲

故國荒臺在前臨震澤波綺羅隨世盡麋鹿古時多築用金鎚力摧因石鼠窠昔年雕輦路唯有采樵歌（此首一作姑蘇臺詩）

送李中丞赴楚州

緹騎朱旗入楚城士林皆賀振家聲兒童但喜迎賓守故吏猶應記姓（一作小）名萬頃水田連郭秀四時烟月映淮清憶君初得崑山玉同向揚州攜手行

謝寺雙檜（揚州法雲寺謝鎮西宅古檜存焉）

雙檜蒼然古貌奇含煙吐霧鬱參差晚依禪客當金殿初對將軍映畫旗龍象界中成寶蓋鴛鴦瓦上出高枝長明燈是前朝焰曾照青青年少時

酬淮南廖參謀秋夕見過之作 林公昔爲揚州從事參謀從釋子反初服

揚州從事夜相尋無限新詩月下吟初服已驚 一作經 玄鬢長高情猶向碧 一作白 雲深語餘時舉一杯酒坐久方聞四 一作數 處砧不逐繁華訪閑散知君擺落俗人心

酬樂天揚州初逢席上見贈

巴山楚水淒涼地二十三年棄置身懷舊空吟聞笛賦到鄉翻似爛柯人沈舟側畔千帆過病樹前頭萬木春今日聽君歌一曲暫憑杯酒長精神

送陸侍御歸淮南使府五韻 用年字

江左重詩篇陸生名久傳鳳城來已熟羊酪不嫌羶歸路芙蓉府離堂玳瑁筵泰山呈臘雪隋柳布新年曾忝揚州薦因君達短牋 時段丞相鎮揚州嘗辱表薦

揚州春夜李端公益張侍御登段侍御平路 一作仲 密縣李少府暢秘書張正字復元同會於水館對酒聯句追刻燭擊銅鉢故事遲輒舉觥以飲之逮夜艾羣公沾醉紛然就枕余偶獨醒因題詩於段君枕上以志其事 一作揚州春夜同會水館夜艾獨醒

寂寂獨看金爐落紛紛只見玉山頹自羞不是高陽侶一夜星星 一作惺惺 騎馬回

同樂天登棲靈寺塔

步步相攜不覺難九層雲外倚闌干忽然笑語半天上無限遊人舉眼看

夜聞商人船中箏

大艑高帆一百尺新聲促柱十三弦揚州市裏商人女來占江西明月天

楊柳枝

楊子江頭煙景迷隋家宮樹拂金堤嵯峨猶有（一作是）當時色半蘸波中水鳥棲

張籍

張籍字文昌蘇州吳人或曰和州烏江人貞元十五年

登進士第授太常寺太祝久之遷祕書郎韓愈薦爲國子博士歷水部員外郎主客郎中當時有名士皆與游而愈賢重之籍爲詩長于樂府多警句仕終國子司業詩集七卷

送揚州判官（一作贈茅山楊判官）

應得煙霞出俗心茅山道士共追尋閑憐鶴貌偏能畫暗辨桐聲自作琴長嘯每來松下坐新詩堪向雪中吟征南幕裏多賓客君獨相知最校深

新城甲仗樓

謝氏（一作守）起新樓西臨城角（一作上）頭圖功百尺（一作仗）麗藏器五兵修結締（一作構）檬甍固虛明戶檻幽魚龍卷旗幟霜雪積

戈矛暑雨熇烝隅涼風宴位留地高形出没一作遠出山靜氣清優睥睨斜光徹闌干宿靄浮芊芊秔稻色脉脉苑谿流郡化黄丞相詩成沈隱侯居兹良得景殊勝峴山遊